Martina Dannheimer

1 Tag in Neapel und auf Ischia – Martinas Kurztrip in die italienische Hafenstadt und auf die Insel

AF154373

Bibliografische Information der Deutschen Nationalbibliothek:

Die Deutsche Nationalbibliothek verzeichnet diese Publikation in der Deutschen Nationalbibliografie; detaillierte bibliografische Daten sind im Internet über http://dnb.d-nb.de abrufbar.

Impressum:

Lektorat: Caroline Schnitzer, Peter Schmid-Meil

Copyright © 2014 GRIN & Travel

Ein Imprint der GRIN Verlag GmbH

travel.grin.com

Die Lust an Städtereisen

„Nicht nur lange Reisen machen Spaß", das ist das Motto, nach dem ich lebe und mit dem ich meine Reiselust stille. Mit meinen Berichten „1 Tag in …" möchte ich zu Kurztrips inspirieren, aufzeigen, was man alles an einem Tag erleben kann, oder einfach nur unterhalten. Hier gibt es jede Menge Tipps und Karten zum Nachmachen für alle, die wenig Zeit zum Reisen haben oder deren Geldbeutel – wie meiner – nicht endlos gefüllt ist.

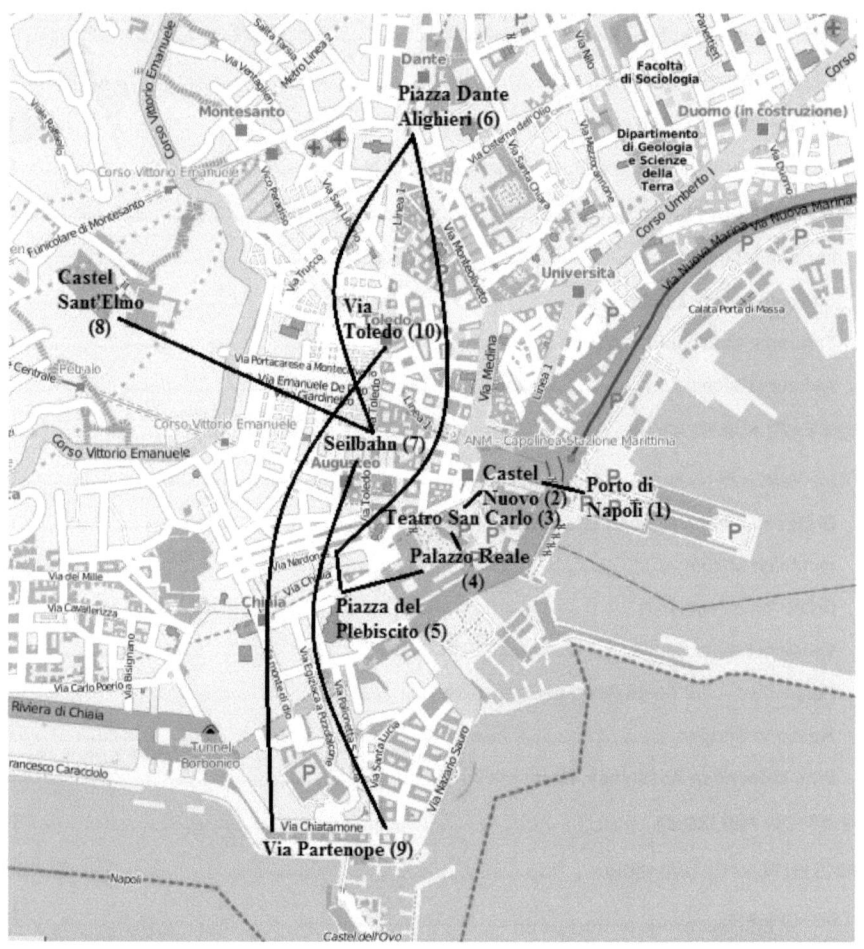

Neapel-Route. Quelle: OpenStreetMap und Mitwirkende, CC BY-SA

Der ganz normale italienische Wahnsinn

Es war das dritte Mal in sieben Minuten – ohne Scherz, ich hatte mitgestoppt. Das dritte Mal, dass unser Bus fast im Kofferraum des Autos vor uns hing. Dazu gab es jede Menge Gehupe – man könnte glauben, die Italiener hätten das Ding erfunden! Ich sollte das recherchieren... Dass der Verkehr in Neapel ein Abenteuer ist, stand jedenfalls fest. Sollte ich jemals Suizidgedanken hegen, werde ich mir hier ein Auto mieten und durch die Stadt fahren. Das reicht sicherlich aus, um entweder einen Herz- oder Tobsuchtsanfall zu erleiden, oder schlichtweg über den Haufen gefahren zu werden. Mein Busfahrer jedenfalls kompensierte seine Emotionen durch konsequentes Betätigen der Hupe. Sorry, das hatte ich ja eben schon erwähnt. Aber mein Trommelfell platzte fast, das muss einfach gesagt werden.

Ganz normales Verkehrschaos in Neapel

Konversation funktioniert auch mit wenigen Worten

Nach einer rund 20-minütigen Busfahrt erreichte ich endlich die Hafenstadt. Allerdings nicht an der Haltestelle am Hafen, dem Porto di Napoli, sondern irgendwo mitten auf der Straße – eine Studentendemo verhinderte die Weiterfahrt. Der Busfahrer empfahl mir, den Rest „per Pedes" zurückzulegen, also schloss ich mich einem (rassigen) Italiener an. Der Herr hatte dabei keine Wahl, ich klebte ihm ruckzuck an den Fersen. Das schien ihn allerdings nicht sonderlich zu stören, immerhin plauderte er munter drauflos. Er sprach kein Deutsch, kaum Englisch und ich nur ein paar jämmerliche Brocken Italienisch. Unsere Konversation funktionierte dennoch. Immerhin wusste ich, dass er nach Capri übersetzen wollte. Und dass die Fähre von

Ischia am Porto di Massa anlegt, einer Anlegestelle des Porto di Napoli (1). Dort war nämlich vor wenigen Minuten meine Cousine angekommen. Ein Shuttlebus brachte sie anschließend zum Hauptterminal, wo wir uns trafen. Meine italienische Männerbekanntschaft hatte sich mittlerweile verabschiedet.

Aufblasbare Plastiktierchen im Angebot: Bei meiner Fahrt vom Flughafen zum Porto di Napoli erblickte ich am Straßenrand diesen Verkaufsstand.

Am Hafen von Neapel

Volles Kulturprogramm

Am Castel Nuovo

Wir begannen sofort mit unserem Stadtbummel und standen wenig später am Castel Nuovo (2), zu Deutsch, der neuen Burg. Deren Baubeginn erfolgte im Jahre 1279, die Fertigstellung drei Jahre später. Hier hatten also diverse Könige gelebt und regiert. Heute beherbergt es das Museum Civico mit einer stadthistorischen Sammlung. Kunstliebhaber dürften sich dort unter anderem an Fresken aus dem 14. und 15. Jahrhundert erfreuen. Mir gefiel das Plätzchen hervorragend und ich war sofort in meinem Element, dem Dauerfotografieren.

Castel Nuovo – zu Deutsch: die „neue Burg"

Viel Platz für Opernfans – das Teatro San Carlo

Nach unserem Besuch des Castel Nuovo passierten wir das Teatro San Carlo (3), eines der bedeutendsten und größten Opernhäuser Europas. Natürlich ließ ich auch hier die Kamera glühen. Über 3.000 Menschen finden in der Oper Platz und allein schon wegen ihrer Architektur lohnt sich ein Besuch.

Ein Besuch des Teatro San Carlo lohnt sich auf jeden Fall

Zugegeben, ich bin kein Opern-Fan, aber für La Traviata im Teatro San Carlo könnte ich mich trotzdem begeistern. Als ich vor dem prunkvollen Gebäude stand, dachte ich mir insgeheim: „Einladungen von attraktiven Herren wären jetzt herzlich willkommen."

Piazza del Plebiscito: Ich liebe große Plätze

Auch an unserem nächsten Etappenziel blieb ich fasziniert stehen, es war der Palazzo Reale (4).

Im Inneren des prächtigen Bauwerks und ehemaligen Machtzentrums befindet sich seit 1925 die Nationalbibliothek sowie das Museum Palazzo Reale. Dort lassen sich heute die königlichen Gemächer bestaunen.

Vor allem begeisterte mich die angrenzende Piazza del Plebiscito (5). Große, weitläufige Plätze finde ich einfach ungemein beeindruckend. Ein absoluter Blickfang ist zudem die Basilica San Francesco di Paola. Ein bisschen erinnerte mich die Kirche, die dem Heiligen Franz von Paola gewidmet wurde, an das Pantheon in Rom.

Auf dem Piazza del Plebiscito

Zwischenstopp auf der Piazza Dante Alighieri

Nach einer Stunde legten wir eine kurze Pause auf der Piazza Dante Alighieri (6) ein, die ihren Namen dem gleichnamigen Dichter zu verdanken hat. Als Ruheoase würde ich den Platz nicht gerade bezeichnen, dafür gibt es jede Menge zum Bestaunen. Sei es die riesige Statue des bedeutendsten Dichters Italiens, der oftmals als Vater der italienischen Sprache betitelt wird, oder das Convitto Nazionale Vittorio Emanuele II. Dabei handelt es sich um eine Schule, deren Fassade mit zahlreichen Skulpturen geschmückt ist.

Auf der Piazza Dante Alighieri

Besonders beeindruckend fanden wir die Einkaufspassage Galleria Principe di Napoli ganz in der Nähe – nicht zuletzt wegen ihrer Glaskuppel ein echter Kracher.

9

Die Galleria Principe di Napoli

Wir betrachteten die pompöse Halle zwar nur von außen, doch allein das war Faszination genug. Die Galerie residiert übrigens in guter Gesellschaft: In unmittelbarer Nähe befinden sich die <u>Accademia di belle arti di Napoli</u>, eine Kunsthochschule, sowie das archäologische Nationalmuseum mit einer bedeutenden Sammlung antiker Kunst.

In Vomero unterwegs

Mit der Seilbahn nach oben

„Wir müssen dringend da hoch", meinte meine Cousine plötzlich und zeigte auf eine Burg am Berg. Ich willigte begeistert ein – Burgen finde ich immer wunderbar. Schon saßen wir in der Seilbahn und mit uns gefühlte zehn Schulklassen.

Mit der Seilbahn („Funicolare") ging es nach oben

Die Station der Seilbahn (7) befand sich direkt an der Via Toledo, der verführerischen Shoppingmeile. Da wir jedoch den Abend fürs Einkaufen reserviert hatten, konnte ich den unzähligen Shops fast mühelos widerstehen. Spätestens als wir von oben den Ausblick auf die Hafenstadt genossen, wollte ich ohnehin nirgendwo anders mehr sein.

Castel Sant'Elmo und das Kloster Certosa di San Martino

Grandiose Aussicht auf Neapel

Es war gigantisch! Jeder, der Neapel besucht, ist hiermit offiziell verpflichtet, auf den Berg bzw. in den Stadtteil Vomero zu fahren. Für schlappe 1,20 Euro ist das Ganze auch durchaus erschwinglich. Wer innerhalb von 90 Minuten wieder nach unten fährt, muss nicht einmal ein neues Ticket kaufen.

Uns gelang das selbstverständlich nicht. Denn neben der Mega-Aussicht widmeten wir uns dem Castel Sant'Elmo (8), einer sternförmig gebauten Festung. Dort, wo einst das Militärgefängnis war, ist heute unter anderem die kunsthistorische Bibliothek ansässig. Robert von Anjou, ebenfalls bekannt als Robert der Weise, ließ dieses Bauwerk im Zeitraum von 1329 bis 1343 errichten. Direkt daneben bewunderten wir das Kartäuserkloster Certosa di San Martino, inklusive dem dort angesiedelten Nationalmuseum San Martino. Eine Besonderheit ist die Sammlung neapolitanischer Krippen. Nicht minder staunten wir allerdings außen. Die imposanten Mauern von Kloster und Festung sind sehr beeindruckend, wie überhaupt das ganze Flair in Vomero.

Das Kloster Certosa di San Martino

Essen und Shopping

Immer Richtung Pizza

Irgendwann wurden trotz Höhenrausch die tolle Aussicht und das spektakuläre Gebäude zur Nebensache. Nämlich dann, als ER kam. Nein, nicht der Prinz Italiano, sondern der Hunger. Für uns ging es also wieder hinein in die Seilbahn und mit Volldampf Richtung Pizza – der weltbesten, wie mir meine Cousine verheißungsvoll versicherte.

Immerhin wurde der köstliche Teigfladen in Neapel erfunden, von daher waren meine Erwartungen groß. Der Weg zum Restaurant über die bezaubernde Uferpromenade Via Partenope (9) förderte meinen Appetit um ein weiteres, ich war wirklich angetan von dieser Stadt.

Im Vorfeld meiner Reise wurde ich des Öfteren gefragt, warum ich gerade dahin fahre, „wo es doch so dreckig ist". Ganz ehrlich: Als ich nach meiner Ankunft vom Bus zum Hafen spazierte, ist mir der mit Abfall gesäumte Straßenrand sofort aufgefallen. Ansonsten konnte ich nicht meckern – bis auf ein paar Müllsäcke hier und da. So sauber wie in meiner Heimat, dem Allgäu, ist es auch in anderen Großstädten nicht. Von daher möchte ich das Klischee des schmutzigen Neapels nicht schüren.

Vielmehr lief mir das Wasser im Mund zusammen, als wir mit Meerblick unsere Pizza serviert bekamen. Bereits nach dem ersten Biss konnte ich ein ganz anderes Klischee – oder zumindest die Meinung meiner Cousine – bestätigen: Ja, es war die weltbeste Pizza!

Essen im Sonnenuntergang – einfach traumhaft!

Shopping unter Zeitdruck

„Signoooraaa". Gerade als ich den schwarzen Body im Blusen-Style zuknöpfen wollte, wurde ich jäh in meinem Vorhaben gestört. Ich linste durch den Vorhang meiner Umkleidekabine und sah, wie die temperamentvolle Verkäuferin auf ihre Uhr deutete. „Si si", antwortete ich wenig begeistert. Ich konnte mich nicht so schnell zwischen Body, Kleid und Pailletten-Top entscheiden – 35 Minuten reichten da wirklich nicht aus. Deshalb stand ich nach Ladenschluss dann doch ohne Einkaufstüten auf der Via Toledo (10).

Die Einkaufsmeile – Via Toledo

Normalerweise würde das eine handfeste Hyperventilation bei mir auslösen (Shopping in ITALIEN OHNE Ausbeute), aber ich war sofort wieder abgelenkt. Kaum waren wir ein paar Meter spaziert, blieben wir fasziniert stehen. Eine Band von Straßenmusikern veranstaltete ein Trommelkonzert vom Feinsten. Hätte ich deren Oberarme gehabt, hätte mich mein Dauerfotografieren vielleicht nicht dermaßen angestrengt. Nein, ich wollte nicht jammern. Als die Herrschaften eine längere Pause einlegten, setzen wir unseren Bummel fort.

Tolerante Ladenschlusszeiten

Ladenschlussgesetze schienen hier genauso willkürlich umgesetzt zu werden wie Verkehrsregeln. Denn während der erste Laden Punkt 20 Uhr seine Pforten schloss, tingelten wir nun eine weitere Stunde durch einige Stores. Zu kaufen gab es alles: Teuer, günstig, billig. Neben Designer-Klamotten fanden wir auch Oberteile für fünf Euro – traumhaft.

Shoppen war in manchen Läden auch nach 20 Uhr möglich.

Aber nicht nur in den Geschäften war das Angebot riesig, auch auf der Straße konnte man wie wild shoppen. Unzählige Händler boten facettenreiche Ware an ihren Ständen. Besonders beliebt: Sonnenbrillen, Tücher, Taschen, Krimskrams. Das Beinahe-Trauma wegen Shoppingabstinenz hätte ich also im Keim ersticken können, aber ich fand nichts mehr, was mir wirklich gefiel.

Auf zum Hafen

„Wir müssen langsam in Richtung Hafen aufbrechen!", mahnte meine Cousine. Um 22 Uhr legte unsere Fähre Richtung Ischia ab – die letzte an diesem Tag. „Essen sollte ich schon noch etwas.", antwortete ich. Die Vorstellung eines nächtlichen Heißhungers auf hoher See machte mich nervös, aber zum Glück rettete mich eine Snackbar in Hafennähe. Wir kauften eine Art Riesen-Krokette, von der mir bereits der erste Biss schier im Hals stecken bleibt – keine besonders gute Wahl. Zu gerne hätten wir die Überfahrt auf Deck zelebriert. Doch obwohl die Tagestemperatur die 20 Grad-Marke geknackt hatte, kühlte es nachts ziemlich ab. Auch recht – drinnen gingen die 90 Minuten dank Dauerratschens genauso rasch vorbei.

Mein Fazit für Neapel

Als ich ankündigte, nach Neapel zu reisen, wurde ich mehrfach gefragt, warum. Die Hafenstadt sei doch dreckig und nicht sonderlich attraktiv. Abschrecken habe ich mich davon nicht lassen. Zum Glück, denn mir gefiel es in Neapel äußerst gut. Dreck gibt es natürlich an manchen Ecken, aber auch nicht viel mehr als in den meisten anderen Metropolen. Mir gefiel das Flair, die Lebendigkeit der Stadt. Ab und zu empfand ich es als anstrengend, allerdings nur für kurze Momente. Etwa beim Busfahren, was aber schon wieder ein Abenteuer für sich ist. Neapel ist keine klassische Schönheit, vielmehr ein Gefühl. Ein, wie ich finde, verdammt gutes.

Meine Bewertung für Neapel:

Sightseeing:

Verkehrsmittel:

Essen & Trinken:

Shopping:

Willkommen in Ischia

Es war fast Mitternacht, als wir auf Ischia wieder Land betraten. Ins Hotel gingen wir dennoch nicht. Natürlich nicht! Es war schließlich Samstagabend. Wer allerdings nach Ischia reist, um in erster Linie Party zu machen, könnte enttäuscht werden. Es ist zwar möglich, aber eben kein Ballermann oder gar Ibiza. Eine Rentnerinsel ist Ischia aber ebenso wenig. Wir bummelten jedenfalls noch ein bisschen durch die Altstadt, Ischia Porto und Ponte, und beendeten den Tag mit zwei Kugeln Gelati. Ich probierte eine Art Zitronenkucheneis, göttlich! Der Kartoffelklops im Magen bekam endlich Gesellschaft.

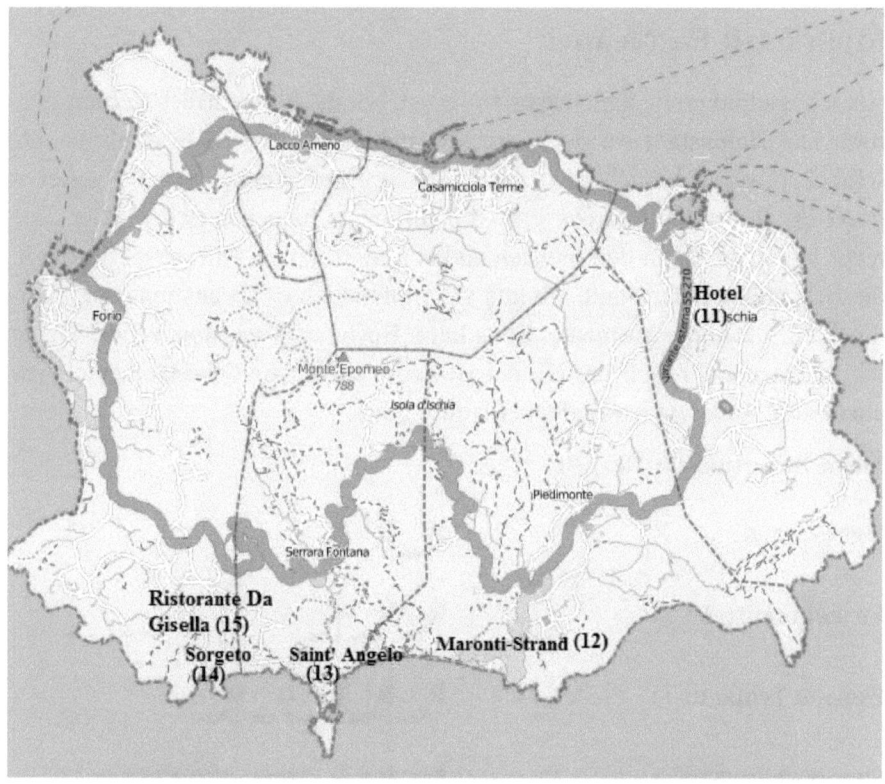

Ischia-Route. Quelle: OpenStreetMap und Mitwirkende, CC BY-SA

„Buongiorno!" Der Kellner begrüßte uns am nächsten Morgen genauso einladend, wie das Frühstücksbuffet aussah. Das morgendliche Essen ist bekanntlich nicht des

Italieners Lieblingsdisziplin, aber in unserem <u>Hotel</u> (11) hatte ich absolut nichts daran auszusetzen.

Ischia am Morgen

Gestärkt mit Honigsemmel, Joghurt mit Schokoflakes und zwei Tassen Milchkaffee standen wir schließlich an der Bushaltestelle, deren nichtssagendes Schild ich im Leben nicht als solches identifiziert hätte. Meine Cousine allerdings wusste Bescheid, sie hatte schließlich längere Zeit auf der Insel gewohnt. Der Bus brachte uns wenig später zum Maronti Strand (12) – in einem etwas humaneren Fahrstil als in Neapel.

Erstes Highlight: Maronti Strand

Unseren geplanten Mammut-Fußmarsch am Strand begannen wir erst einmal mit „einfach nur dasitzen". Die Sonne brannte fast wie im Sommer, ruckzuck waren die Jacken abgelegt und die Hosenbeine hochgekrempelt. Nach einer Weile starteten wir trotzdem in Richtung Sant'Angelo.

Einfach traumhaft: der Maronti Strand

Ischia ist schön!

Wir machten einen kleinen Abstecher zu einer der unzähligen Thermalquellen auf der Insel und genossen dabei den Anblick einer gewaltigen Schlucht mit Felsen. Trotz Höhenangst konnte ich die Schönheit dieses Riesenfelsens bewundern, ich stand ja schließlich nur davor und nicht darauf.

Faszinierender Riesenfelsen

Schönheit war überhaupt das Stichwort. Dass Ischia eine zauberhafte Insel ist, war mir bereits nach nur knappen zwei Stunden klar. Obwohl ich kein Bergfan bin, gefiel mir diese Mischung aus Bergen, Steilklippen und natürlich dem Meer.

Sollte ich es wagen?

Das Wasser glitzerte an diesem Tag regelrecht. „Hineinspringen werde ich aber garantiert nicht!", ließ ich meine Cousine wissen. Doch die hatte andere Pläne. „Lass uns zur Bucht von Sorgeto gehen. Dort können wir im Meer baden". „Bitte?" Bereits beim Gedanken daran wuchsen mir drei Frostbeulen. Wir durften uns zwar über sommerliche Temperaturen freuen und meinen Bikini hätte ich gerne am menschenleeren Strand ausgeführt, aber man musste es ja nicht übertreiben. Vor unserem Bad im vermeintlich kühlen Nass ging es aber erst einmal heiß her.

Spaß am Maronti Strand

Vorsicht heißer Sand!

Attenzione: Vorsicht heißer Sand! Auf den letzten Metern unseres Strandspaziergangs kurz vor Sant'Angelo weckte ein Schild meine Neugierde und meine Begeisterung gleich dazu. Denn am Maronti Strand erhitzen Fumarolen (Austrittsstellen von heißem Wasserdampf) den Sand auf schlappe 100 Grad. Deshalb war die Stelle durch einen Zaun abgegrenzt und ein Schild mit mehrsprachigen, mehr oder weniger lesbaren Warnhinweisen mahnte zur Vorsicht. Dass man diesen Bereich auf keinen Fall betreten darf, merkte ich bereits ein paar Meter davor: Die Luft erinnerte an eine Sauna, der Sand „informierte" die Fußsohlen. Wer im Winter das Strandfeeling sucht, legt sich am besten ein paar Meter von dieser Stelle entfernt in den warmen Sand.

Besonders begeisterte mich die Vorstellung, dass dort gekocht werden kann. Ja, Tatsache – einfach Kartoffeln oder Hähnchenschenkel in Alufolie packen und mit Holzstock im Sand vergraben. Genialer grillen geht ja wohl nicht!

Geniale „Grillstelle" am Strand

Fumarolen – Auf den Spuren der Kanzlerin

Bevor wir später ein paar Haltestellen per Bus in Richtung Panza fahren wollten, um die Sorgeto-Bucht zu besuchen und in der Nähe zu essen, bewunderten wir noch den Felsen von Sant'Angelo und passierten die Merkel'sche Urlaubsoase. Unsere Kanzlerin war schon häufig auf Ischia und in Sant'Angelo (13) zu Gast – an diesem Tag jedoch nicht. Überhaupt sichteten wir kaum Touristen. November gehört schließlich nicht zur Hauptsaison, somit hatten auch einige Hotels und Restaurants geschlossen.

Die Merkel'sche Urlaubsoase Sant'Angelo

In Sant'Angelo genossen wir die bunte Mauer und die Wahnsinns-Aussicht

Baden in Sorgeto

Als wir schließlich an der Badestelle in Sorgeto (14) ankamen, registrierten das rund zwanzig (gaffende) Männer. Das wäre eigentlich ein guter Grund gewesen, nicht ins Badegewand zu schlüpfen, aber ich wollte keine Memme sein.

Schon lagen meine Cousine und ich im Mittelmeer. Da sich hier eine Thermalquelle mit dem Meerwasser vermischt, war es tatsächlich nicht allzu kalt. Eigentlich war es warm wie in der Badewanne. Aber ich finde mich viel cooler, wenn man das nicht so deutlich erwähnt. Wir fläzten also fast eine halbe Stunde im Meer, waren stolz wie Bolle und zudem hungrig.

Baden in der Bucht von Sorgeto

Zum krönenden Abschluss: Pasta mit Tomatensoße

Mein Magen hing mir in den Kniekehlen. Trotzdem kratzte ich mein letztes Quäntchen Energie zusammen, um von der Bucht auf den Berg zu laufen. Denn dort wartete das Ristorante Da Gisella (15) (www.prolocopanzaischia.it/ristorante-dagisella.html). Auf Empfehlung meiner Cousine aßen wir Pasta mit Tomatensoße. Nein, sorry, wir aßen nicht, wir zelebrierten – genossen, schwelgten irgendwo zwischen Sorgeto und dem Himmel. Kurzum: Es schmeckte fantastisch. Und den riesigen Nudelberg für fünf Euro pro Nase hätte eventuell ein ausgehungerter Sumo-Ringer bezwungen, wir jedoch nicht. Außerdem durften wir unseren Magen nicht ganz füllen, schließlich brauchten wir noch ein bisschen Platz für unseren Wein – bei mir natürlich plus Sprite. Wir mussten einfach anstoßen: auf einen sensationellen Tag in Neapel und auf Ischia. Und eine garantierte Fortsetzung.

Göttliches Essen im Italia-Style

Mein Fazit für Ischia

Ischia begeisterte mich mindestens genauso wie Neapel. Doch auch ob dieses Reiseziels war der Zuspruch im Vorfeld verhalten. Ischia sei doch eher eine Rentnerinsel, bekam ich mehrfach zu hören. Ist sie, ja, aber sie ist auch für alle anderen Altersgruppen geeignet. Wer Party und Action sucht, reist nicht unbedingt auf die größte Insel im Golf von Neapel; wem hingegen Ruhe, Erholung, gutes Essen, Naturschönheiten und sportliche Aktivitäten wichtig sind, der dürfte sich auf der Stelle in Ischia verlieben.

Auf eine detaillierte Bewertung verzichte ich an dieser Stelle, dafür war mein Besuch einfach nicht lang genug.

Links zu Neapel und Ischia

Castel Nuovo: http://de.wikipedia.org/wiki/Castel_Nuovo

Teatro San Carlo: http://www.teatrosancarlo.it/

Palazzo Reale: http://www.palazzorealenapoli.it/

Nationalmuseum San Martino:
http://cir.campania.beniculturali.it/museosanmartino?set_language=en

Convitto Nazionale Vittorio Emanuele II: http://www.convittonapoli.it/

Galleria Principe di Napoli:

http://www.stay.com/naples/attractions/13194/galleria-principe-di-napoli/

Accademia di belle arti Napoli: http://www.accademiadinapoli.it/

Hotel: http://www.bellevuehotel.it/de/21/hotel

Ristorante Da Gisella: www.prolocopanzaischia.it/ristorante-da-gisella.html

Bildnachweis

Alle Bilder innerhalb dieses Buches stammen von:

•Martina Dannheimer

•OpenStreetMap und Mitwirkende, CC BY-SA

•jara3000:   http://www.shutterstock.com/pic-132687290/stock-vector-high-heel-shoes-silhouette.html?src=csl_recent_image-1